저 평원에 가슴을 널어놓자

라온현대시인선 05

저 평원에 가슴을 널어놓자

류승욱 시집

북랜드

머리말

말과 글이 있어서 우리 인류는 삶의 질이 점점 더 향상되어 왔습니다.

저는 어머님께서 늘 "책 속에 길이 있다."고 말씀하심을 들으며 성장했습니다. 책은 선현들이 깊은 사색을 통하여 지혜를 갈고닦은 뒤, 퇴고推敲를 거쳐 정리된 것입니다. 한 자 한 자가 정말 금쪽같은 보배라는 것으로 기억하고 있습니다.

봄, 가을, 결혼 철이면 제 어머님은 우리 동네는 물론이고, 이웃 마을 사람들의 사돈지를 써 주셨습니다. 밤 깊은 시간까지 호롱불을 밝히시고 한지韓紙에 줄을 다듬어 편지지를 만들고 붓 끝에 정성 들여 먹을 묻히시던 일이 지금도 눈에 선합니다. 「추풍감별곡秋風鑑別曲」 같은 가사歌辭를 많이 외우시고, 책을 가까이하시던 어머님을 보면서 유년 시절을 보낸 탓인지, 어느덧 저도 시詩를 좋아하게 되었습니다.

여러 장르 중에서 가장 간결한 어휘語彙로 자신의 심경心境을 응축凝縮하고 함축含蓄시켜 표현하는 것이 시 아니겠습니까? 이 세상 사람들 마음이 다 그러하듯이, 제 마음도 그러합니다. 그래서 가끔 시를 써보고 발표도 해봤습니다.

그렇지만 정말로 잘 썼는지는 잘 모르겠습니다. 그저 나름의 느낌과 생각을 정리해서 잘 쓰겠다는 욕심으로 썼을 뿐입니다. 제가 쓴 이 시를 시라고 보지 마시고 그저 사람들 속에 어울려 살아가는 우직愚直한 나그네의 넋두리 정도로 봐주시면 어떨까 하는 바람입니다.

다만 부처님 마음, 부처님 장삼의 먼지 하나쯤 이 글에 녹아있음을 보시는 이는 후생後生에 저와 함께 녹음綠陰 우거진 창가에 앉아 녹차 한 잔하면서 사바娑婆에서의 고뇌苦惱를 모두 녹였으면 하는 마음입니다.

끝으로 제 시를 읽으시는 분들께 부탁은, 부족한 글이지만 읽고 그저 웃어주셨으면 감사하겠다는 말씀을 드립니다.

2025년 가을
류승욱 드림

차례

- 머리말 | 4

1

가는 봄 ··· 12
달맞이꽃 ··· 13
관세음보살 ··· 14
진주조개 ··· 16
베갯머리 오신 달님 ··· 18
하늘을 부르는 영혼 ··· 20
돌아보지 마세요 ··· 22
그래 가시는가 ··· 24
행복 ··· 26
단풍잎 ··· 27
지나가고 마는 것 ··· 28
고향 생각 ··· 30

2

숫배기 … 34
비봉산飛鳳山 … 36
가지 부러진 나무 … 38
부모는 산에 묻고 자식은 가슴에 묻는다 … 40
묘비명 … 42
돌탑 … 44
잠자리의 시간 … 46
신이여 당신은 … 48
코스모스 … 50
사월 초파일 … 52
들국화 … 54
풀잎 이슬 … 55

3

아침 이슬 … 58
먼지 한 톨 … 59
볕 좋은 무덤 위 들국화 … 60
해바라기꽃 당신 … 62
금호강 맑은 물 … 64
방긋 웃는 행복 … 66
강동어르신행복센터 바둑실 … 68
봄 … 70
그 바람 … 71
낙조落照 … 72
까치밥 … 74

4

별빛촌 … 76
노을 … 78
상사몽相思夢 … 79
옻골 작은 계곡 … 80
조우弔友 … 81
미안합니다 까투리님 … 84
속 들여다보기 … 86
무상無常을 알아차린 구슬 … 88
귀거래사歸去來辭 … 90
봄나들이 … 92
마음을 쓰다듬어 봅니다 … 94
석산石蒜 … 96
물속에 사는 달 … 98

| 해설 | 내 속엔 부처님 웃으시고
신상조 … 101

1

가는 봄

꽃구름 이고 늘어선
가로수 꽃길 타고
바람 따라 봄은 오는가

이 아침 부는 바람에
꽃비 되어 봄이 가고 마네요

아리고
안타까운
우리네 일들
봄꽃 속에 꿈으로
녹아 흐릅니다

속절없이 가는 봄
붙잡지도 못하고
서러운 눈물 글썽입니다

달맞이꽃

강둑길 따라
달맞이꽃 지천으로 피었다
아침햇살 곱게 내려앉아
노오란 꽃이불을 덮어 놓았다

나풀나풀
나는 듯 떨어지는 그것은
꽃잎인가 나비인가
희미한 내 눈은 알 길 없어

제 명命 못다 한
노오란 천 덮어쓴 아이 둘이서
강둑길 휘젓고 걷고 있는데
귀뚜라미의 가냘픈 울음
아픈 가슴을 후비는구나

내일 또 내일은
꽃은 하릴없이 지고
나비도 가고 마는 것을

관세음보살

나무관세음보살
관세음보살
천수천안 관세음보살
천수대비 관세음보살

한숨 들이쉬어 당신 숨결 되고
한숨 내쉬는 곳에 당신 있게 하소서

내 손은 당신의 뜻같이 움직이고
발걸음도 당신같이 가게 하소서

내 눈은 당신같이 보게 하소서
나무관세음보살

어느 좋은 바람 부는 날
민들레 꽃씨 흩어지듯

고통을 꽃피운 내 마음
세상을 향하여 다 날아가 버리고

흔적도 없게 하소서
무릎 꿇고 손 모아
하늘을 날아 터지게 웃으시는
당신을 쳐다봅니다

나무천수대비 관세음보살

진주조개

금방 보고
돌아서 보고 싶은 얼굴
볕 든 고운 구름에 안긴다
도려내고 파내도 꽉 차오르는
앉으나 서나 누워 있어도
떠다니는 여리고 고운 마음들
눈가 주름에 차지게 감겨오네

새도록 내린 눈
세상을 덮은 밤
끝 간 데 없는 하늘을 녹여
푸르듯 오랜 기다림을 덧씌웠다
퍼덕이고 날개치는 생각 한자락
곱게 내려앉힐 가슴앓이
묵직한 서러움을 보듬어
그 고운 자태로 좌선을 하는가

진주조개는
그리움을 앓다가

동그란 사랑 하나 쌓아놓고
물빛 엮어 내린 발 너머로
바다를 바라본다

베갯머리 오신 달님

잠든 사이 가만가만
베갯머리 오신 달님

어리석은 늙은이의
곤한 잠을 덮으시고
베갯잇 적신 외로움
한눈에 다 보시고
가슴에 나를 품으시고
빈방 채우시는
고마우신 우리 달님

지구촌 그 많은 소원
다 듣는 바쁜 밤에
지금도 김 오르는
밤을 새운 만단설화萬端說話
잠든 나를 고이 두고
새는 날을 쫓아가신
젖가슴 풀어헤친
부끄러운 우리 달님

〉
언제 또 오시는 밤엔
달님 얼굴 그린 책들
다 보시지 마시옵고
곤히 잠든 나의 꿈을
하늘나라 비단이불로
겹겹이 덮으소서

하늘을 부르는 영혼

임종을 맞는 호스피스 병실 환자
기억, 아픔 누르고 서서
맑은 정신 담아 칫솔질을 한다

아침햇살에 깃털을 고르는
새의 몸짓으로
하늘이 무너져내린 칠흑 같은 밤
한세상 너희와 함께
너희와 동행했던 길

아플 때도 힘들 때도
어려운 때도 없었노라고
너희가 있어 즐거웠노라고
두 손 흔들며 하늘 가르는
가벼운 날갯짓

그때 유월 스무아흐렛날 밤
천사의 마중 고마웠던 당신
지금 깊은 잠 천사의 어느 꽃밭이기를

고요한 당신의 마음에 기대어
하늘을 봅니다

      - 장인어르신 영전에

돌아보지 마세요

고운 마음의 상처 하나를
보듬을 줄 모르는
못난이를 욕하고
다시는 돌아보지 마세요

번지르르한 한마디 말로
서러운 여인의 손을
잡아주지 못하는
어리석은 얼굴일랑
다시는 돌아보지 마세요

뭉게뭉게 피어오르는
행운의 구름이
온 하늘에 덮여 있어요
나쁜 기억일랑
다시는 돌아보지 마세요

아름답고 고요한
한없이 크고 넉넉한

행운을 알아볼 줄 모르는
바보 얼굴일랑
다시는 돌아보지 마세요

그래 가시는가

허- 허- 이 사람아
어쩌라고 어쩌라고
아빠 엄마는 어쩌라고
그래 가시는가

해맑은 눈가에
배시시 이는 웃음
곱고 질긴 인연 못 끊어
일곱 매듭 삼베끈
동여매고 말았네

이제 이승의 짐 훌훌 벗었으니
세세생생世世生生 좋은 곳에 태어나
만복萬福을 누리시게

조카님 혁수 조카
우리 내생來生에는
좋은 인연으로

다시 만나세
잘 가시게

              - 큰아빠 하며 뛰어 들어오는 듯

행복

먼 데서 온 동생과
바둑 한판 두고 나니
손자놈은
알까기 하자 조른다
번번이 튕겨 내놓고
좋다고 깔깔댄다

석양에
그림자 길듯
늘그막에
즐거움이
늘어진다

       - 작은 일상이 즐거운 하루

단풍잎

가끔은
포도 위에 삼색三色 꽃사연 널어
숫된 부끄러움 홍조 띠는
그리움 영글어가는 단풍잎

푸르디푸른 청춘
나비 날던 꽃시샘
비단 짜서 걸어놓고
천둥소리 날비 맞은 아픔
무지개로 서 있다
삶의 무게 곱게 물들인 이
하늘 아래 너뿐이구나

그리 곱게 늙어가는 슬기
본뜰 수만 있다면
무릎 꿇어 매 맞고라도
배워보고 싶구나

지나가고 마는 것

목 마를 때 한 모금 물
허기진 배에 한술 밥
지금, 이것이, 절실하지만
다 지나가고 마는 것

보이는 모든 걸
내일도 같을 것이라고
착각하고 있는 우리들
관념 속에 메이고
꿈속을 헤매더라도
좋은 꿈을 꾸자

저 평원에 가슴을 널어놓자
수리와 이리 떼가 살점을 뜯도록
저 바다에 마음을 풀어놓자
갈매기들이 끼억 끼-억 한을 뜯어가도록
바다와 평원은
출렁이고 약동하는
고운 보자기로 덮였다

엉켜 우는 갈매기 소리
평원에 퍼지는 이리 떼의 울음

그대 듣는가
이 또한 지나가는 꿈인 것을

고향 생각

달빛이 교교皎皎한
금호강 다리 위에 서면
물 아래로
높은 달만큼 깊게
둥근달이 떠 있다

새벽달이 떠 있던
고향 연못에서
물 아래 나와 물 위의 내가
인사 나누던 그때처럼

그리운 친구들
티 없는 맑은 마음들
나는 친구들과 동네 한 바퀴
무리지어 굴렁쇠를
굴리며 뛰고 있다

달은 그 연못에도
그렇게 떠 있을까

달빛은 빈 마음에 닿아
하얗게 부서진다

2

숫배기*

처마 끝 고드름 열리는 섣달
어둠 속
긴 밤 익는 그믐, 달에
걸린 숱한 인연의
얼굴들
바람에 놀란 꽃잎처럼
꽃비로 흩어집니다

먼 세월 돌고 돌아
가물가물, 아직
아물지 못한 소원 하나
질박質樸한 항아리로 놓여
숫배기 그리움 되어
피어 오릅니다

화롯가의 옛이야기
두런두런 피어오르고
총총한 별들 내려앉던
그믐밤의 사연

올올이 엮어

섣달그믐
시린 밤
하늘 귀퉁이에
고드름처럼 걸어 놓습니다

* 숫배기 : 순진하고 어수룩한 사람. 규범 표기는 '숫보기'이다.

비봉산飛鳳山

천상의 신선이 중천을 날으시다가
지상의 어진 이와 차 한잔 나누시고
물 좋고 인심 좋아 나래 펴고 서 있다

발아래 첩첩만봉疊疊萬峯 줄지어 엎드리고
애틋한 세간사世間事 숲속에 고이 품어
억겁세월을 아지랑이로 녹인다

산정에 기우제 올리는 날
기원祈願은 청보리 물결로 일렁이고
영산靈山은 좌선坐禪하여 뜬구름 모으신 후
온몸으로 막아서서 바람도 멎게 하면
방아가랭이* 중턱에 황새 물 길러가고
후두둑 듣는 빗소리
도롱이 입은 일꾼의 뛰는 가슴 적시고
비 맞은 풀나무 터지는 웃음
산과 들에 퍼진다

비 뒤에 더 산뜻한 비봉산

나는 듯 뚜렷한 산
만고에 우뚝 서서 푸르기만 하소서

* 방아가랭이 : 산 중턱에 금을 채굴하던 돌들이 쌓인 듯 그 형태가 디딜방아 같다 하여 하광덕(고향) 사람들은 그렇게 이름하였다.

가지 부러진 나무

산다는 것은
흔들리는 것이라고
겨울이 오는 비탈에 서서
가지가 부러진 나무는 말한다

노란 떡잎 두 쪽 이슬 묻히고
햇볕에 부끄러운 고개
내밀던 그때부터
고목으로 뿌리 뻗고 선 지금까지
바람이 불지 않은 날은 없었다

비바람은 늘 불고
나무는 늘 버티고
가지가 부러지면 부러지는 대로
바람이 불면 부는 대로

눈 내리는 날이면
눈꽃 뭉텅이 늘어지게 달았던
부러진 가지는

그리움 하얗게 덮어쓰고
나무의 미소는 먼 산으로 번진다

눈바람 멎고 봄 햇살 이는 날
부러져 옹이 진 마디마다
고운 새순을 틔울 것이라고
바람이 불 때마다
온몸 흔들어 나무는 말한다

부모는 산에 묻고 자식은 가슴에 묻는다

무명無明이 재[灰]로 남아
바람이 일 때마다
꽃잎으로 흩어진다

비단옷 불 당기면
목탁소리에 춤추는 불꽃은
눈물 젖은 얼굴들을
희번덕 비추고
아이는
왼팔 오른팔 비단옷 입고
왼발 오른발 비단신 신고
지장보살 넉넉한 미소에 안겨
하늘로 돌아간 후

나는
그 그림자
가슴에 응어리로 매달려
아-
삼혼칠백三魂七魄* 다 썩어 없어지면

이 가슴 후련할까
옹이 진 이 가슴
어이하겠소

* 삼혼칠백三魂七魄 : 사람의 혼백을 일반적으로 이르는 말

묘비명

내 묘비명에
"이승, 저승, 다
 사람들 마음
 녹아 쌓인 꿈"
이라고 쓰여져 있다

고요한 마을
선승禪僧의 적정寂靜이 숨 쉬는 곳
동행하는 터진 마음들
텅 빈 영혼은 도리에 맞고
오가는 마음들 바쁠 것도 없으니
가던 구름 부는 바람
여기서 쉬다가 가는 곳

사는 것은
여기나 거기나
그때나 지금이나
거기서 거기
저승은 멀고

이승은 고달픈 이야기
솔향기 그윽이 배어 있다

나는 빈 마음으로
바람에 졸고 있는
가지에 매달린 묘비명을 본다

돌탑

밤낮 서 있어 이끼 낀 나는
몸 가는 데 마음 가고
마음 가는 데 몸도 간다

천둥소리 하늘을 깨고
억수 땅을 덮던 날
비집고 다가서서
가슴에 집 짓고 앉은 응어리
덕지덕지 덮고 서 있다

내 속엔 부처님 웃으시고
제 몸속 못 보는 이끼 없고
봄 햇살 내려앉고 있는데

고요한 매화 그늘 아래
벌 한 마리
뒷다리에 대롱대롱 꽃가루 달고
꿀집으로 날아간다

〉
이승과 저승을 잇는 구름다리
바람에 흩날리다
물 위에 떠가는 생각들
비 뒤에 구름 흩어지듯
흔적 없이 사라지고 나는

반야용선般若龍船되어
빈 하늘을 가른다

잠자리의 시간

가지 끝을 물고
꼬리를 하늘로 치켜든 잠자리
상상의 한계가
어디쯤인가를 알고 싶어서
좌우로 머리 두 번 까다이고
마음 들킬까 두려워
휭하니 빈 하늘 한 번 돌고
얼굴 붉히며 돌아와 앉는다

생사가 덜 마른 수건으로
빨랫줄에 걸려 그림자를 흔드는데
힘대로 이고 진 번민 보따리
풀어볼 수도 놓아버릴 수도 없는
갈등으로
고통의 끝에 매달린
잠자리에게도
가을볕이 따스하게

차고 넘치는
그런 시간이 흐르고 있었다

신이여 당신은

당신은
길고 빈 밤을 채우려고
별들을 모종 부었습니다
그래도 채워지지 않는 밤은
소쩍이를 울게 하였습니다

긴 밤 우리는
회한에 젖어 울다가
억울에 지치고 욕망의 덫에 걸려
풍선 같은 빈 마음에 달린
목숨줄을 갉아먹고 있습니다

용광로 엎어 불볕더위 만들고
눈보라 비바람 섞어 치다가
이른 봄 잔설 위에
홍매화 곱게 하는
신이여 당신은 변덕쟁이

기원하노니 새는 날엔

몸 다듬어 그 향 담을 넘고
향 짙은 말 마음 배어나
걸음마다 홍매화
피어나게 하소서

　　　　　- 왜관전화국장 재직 시 사무실에서

코스모스

희끗희끗 머리카락 몇 올
바람에 흩날리면
운명처럼
외로움에 몸을 흔드는
코스모스의 수줍음
그때, 그곳, 그 사람
다시는 못 볼 아름다움인 것을

실타래에 곱게 감겨진 기억들
하얗게 이는 뭉게구름 타고
한 올 한 올 풀어봅니다
가을은 그냥 서글퍼서 서럽다고
유난히도 가을을 타던 여인
그리움 품은 아늑한 우리들의 밤
하늘 한가득 별이 떠 있습니다

가을바람 산들 일면
하늘하늘 고개 내젓는
코스모스는

진즉 알고 있었노라고
슬픈 미소를 짓는다

                    - 강동복지관에 가면서

사월 초파일

절집은 예부터 솔바람 시원하고
목탁 소리 정겹게 대웅전 넘어선다

아기 부처님께 정수淨水 부어
칠각지七覺支* 수행하는 사람
고개 들어 먼 산 보고
아미타불 염송하니
차례로 늘어선 산자락도
부처님 탄신 법회 여는데
스님 마주하니 반갑고
절밥 마주하니 단침 고이네

부처님 두 팔 펴시고
우리를 품으시니
정토淨土에 떨어질 먼지 없고
다시는 터는 일도 없을 것이
바람은 싱그럽게 오고 가고
짙은 나무그늘에
무량광불無量光佛* 향기 포근하다

허- 허-
돌아앉아
가슴 저미며 우는
나는 나그네였네

* 칠각지七覺支 : 불도를 수행할 때 참되고 거짓되고 선하고 악한 것을 살펴서 올바로 골라내는 일곱 가지 지혜
* 무량광불無量光佛 : '아미타불'을 달리 이르는 말

들국화

금호강둑은 들국화 수를 놓아
가을을 이고 서 있다

하얀 꽃잎 고운 순결
자랑할 만하다만
노란 꽃술 또한 시루이고
어쩌려고 하는고

꽃바람 일던 삼월은
한사코 마다하고

찬서리 내린 들판에
기를 쓰고 서 있구나

           - 금호강둑을 걷다가

풀잎 이슬

그 빛
그 고운 자태
영롱하여라
흉내 낼 수 없는 여여如如함이로다
아름다움의 뭉티기
시공을 보태서 뭘 하노
아름답구나

사랑, 돈, 명예
하던 일도 놀이도
놓아라 놓아라
놓으십시오
놓으면 그만
어차피 이슬인 것을

한도 탈도 병도 없어
고요한데
구름은 하늘에 떠 있고
이슬은 풀잎에 사네요

3

아침 이슬

냇가에 숨어서
긴 밤을 견디다가
가만히 피어올라
가지 끝에 목을 멘다
모여 노는 버릇은
학교 마당 아이 같고
고운 맵시 아이 눈을 닮았는데
숨죽인 새벽 걸음으로
초롱초롱 매달려서
안개 가리우고
알몸으로 지새운 밤
별빛에 말갛게 익은 전설
하늘 가득 채운다

먼지 한 톨

광활한 지구 끄트머리
보일 듯 말 듯 이름뿐인 점
돌개바람에 승천하다
돌아온 먼지 한 톨

초가집 오두막 처마 단풍잎
봄날 조용한 강바람은 물결 타고
세상사 한담閑談하던 꿈속 먼지 한 톨

끝내는
바다 깊은 곳에 침잠해 있을
먼지 한 톨
허구한 날 서 있을 지구촌 먼지 한 톨

또 그 후
에베레스트보다 높은 산으로
솟아올라
하늘을 향해 서 있을
지구촌의 먼지 한 톨

볕 좋은 무덤 위 들국화

말이라도 했어야 할
가슴앓이
나무관세음보살

세월은 휭하니
나무관세음보살

재촉하던 거
줄 치고 막아서던 일
그 위를
그냥 나는 보살

위력에 둥둥 떠가는 가슴
보살은 볕 좋은 무덤 위를 선회하고

은혜를 갚을 일도
원수 갚을 일도 없다는 걸 알았을 때
그때 그는
무덤 속에 있었다

〉
가을바람 타고
보라색 흰색 들국화 하늘거리고
볕 좋은 무덤가엔 세상이 익는데

한세상 잘 살았어
잘한 일이야
나무관세음보살

해바라기꽃 당신

먼- 먼 세상 돌고 돌아
나에게 오신 당신
흰 저고리 검은 치마 길게 땋은 머리
물동이 인 팡팡한 어깨 동네 처녀

어머니답게 수수하게
그대 수수한 웃음에 빠지면
지쳐서 눈 감고 기대어도
좋은 그대

고통의 순간 다독여주던 그대 온기
내 마음에 고운 그림 그려주고
따뜻한 사랑 하나 부비며
걸어온 편안한 친구

손톱에 봉선화 꽃물 들이고
발에는 옥버선 신겨 드리리다

주야장천 가족을 향해

고개 드리우는
해바라기꽃 그대
  - 2023. 2. 8.(수) 유옥선 여사 가톨릭병원 입원 예정

금호강 맑은 물

아양교 다리 아래엔
금호강물 깊게 흐른다
골골에 얽힌 전설 끌고 와서
어울려 소용돌이쳐 깊게 흐른다

이 봄 산들바람에 도화桃花잎 띄우고
님 오시는 길목 지키려고
종일 소리 없는 인고
그윽이 쏟아내고 있다

촘촘히 하늘 수놓은 깊은 꿈 꾸는 별
지구만 한 별 하나 숱한 생명 품고
하늘 담은 강물은 굽이쳐 흐른다

은빛 물고기 품은 깊은 강물은
해오라기 부르는 묘법妙法으로
어느새 저 아름다운 낙조를
또 담아낸단 말인가

〉
친구여
금호강 맑은 물에
때 묻은 옷일랑 빨지 마소
너보다 속 깊은 정으로
가쁜 숨 몰아쉬는
친구들의 세상
거기에 있느니

방긋 웃는 행복

가을 소복 담은 볏논에
안개 피어올라
베잠방이 젖는 좁은 논둑길
걸음마다 행복 젖는다

바위로 굴러오던 거대한 폭력
오히려 간지러운 기억 남는 떨림
화해의 손짓에 부서지고 마는
미움이 떨어져 나간 그곳에
행복은 뚝뚝 듣는가
단솥에 고구마 익듯
그리 쉽게 익어가는가

깊은 어둠의 늪을
아린 가슴으로 헤맨 것은
해맑은 너를 보려 함이었다
저 아름다운 세상에
내 웃음 하나 던져
그 웃음 꽃피워 터졌으면

행복할까

행복은
포대기에 싸여 방긋 웃는
포근한 노랑나비의 날갯짓

강동어르신행복센터 바둑실

사통팔달 십구로十九路의 지평에
까마귀 한 수 나래 접는다
백로 한 수 고이 내려앉는다

손가락 끝으로 다투는 돌싸움
온몸으로 화끈한 기쁨을 지피어
아름다운 교감을 수놓는다

기사棋士의 전략은 흑백으로 그려져
오로烏鷺의 군무도群舞圖로 일렁인다

집착, 욕망, 고통, 다툼이 채색되어
파릇한 삶을 더하여 뿌리내리면
즐거움이 하루를 덮는다

묘수를 찾는 끝없는 집착
내려놓을 수도 들 수도 없는 점 하나,

반半집은 승패를 위한 인간의 작죄作罪

두고 나서 보이는 점
돌아보면 아쉬운 여정

그 점 하나
마주하고 앉은 두 돌부처
미동도 없는 선객禪客
"도낏자루 썩듯" 세월을 녹인다

봄

산수유마을엔 산수유 피고
매화마을에 매화가 피고
벚꽃마을에 벚꽃이 피었네

그루터기 새싹 내밀고
온 동네 꽃소식 들떠 있네

봄바람에 등 떠밀려
가는 겨울 하는 말
또 보자 내 또 올 끼다

새들도 재재거린다
봄을 이기는 겨울은 없다고

봄은 그루터기에서 와서
지구촌 가장 착한 동네
사람들 들뜬 가슴
열어젖힌다

그 바람
- 공기空氣

그때
부처님 드시고
토하신 바람

지금
내가 마시고
살아가네요

그 바람 마시고
꽃들이 새들이
노래하고 그림 그려
천지가 장엄하네요

         - BTN 불교방송을 보다가

낙조落照

금덩이 던져놓은 서해의 낙조
그 먼 하늘 위를 가물가물
걸림 없이 나는 새 한 마리

여든셋 높은 고개 나는 헐떡이고
석양은 하늘에다 온통 피를 토한다

하루종일 빼어난 아름다움
쉼없이 나누어주고
골고루 나누어주고
속없이 나누어주고

바닷물 속으로 가라앉는
가슴 터지는 아름다움

지는 해 매어 두려는
나그네의 꽃다운 외침
모두 다 나그네의 몫

〉
밤을 지새운 나의 기도는
해야 솟아라

까치밥

눈 쌓인 지붕에
초겨울이 시리다
찬 바람 맞고 선 앙상한 감나무
밝은 볕에 더 고운 까치밥

동네 한 번 사람 한 번
번갈아 보며
바람이 일 때마다
꽁지깃을 세우는 까치는
아침 햇살에 성찬盛饌을 쪼며

가지에 매달린 사랑을 먹고
행복한 하늘을 난다고
오늘은 먼 데 친구 편지 온다고

까악까악
기쁜 아침 소식을 전한다

4

별빛촌

내 마음에
시 하나 그림 하나
걸려 있네

하얀 눈이 세상을 덮고
별들은 하늘 땅에도
크고 작게 가득 차 반짝이는
작은 별빛 그린 그림 하나

끝 간 데 없는 높은 하늘
별이 되고 싶어 서둘러 간
그림 속의 친구별
달을 높이 달아 환한 세상
차례 있게 열려 있는 생명
선물 받은 태양이
빙그레 웃고 있는 시 한 수

별 달 땅 하늘이 맞붙은
시 한 줄 걸어놓고

생각 없는 데 이르러서야
걸림도 얻을 것도 없는
내 마음 그린 그림 한 폭
작품이라 걸어놓고
허튼 웃음 웃는
나는 별빛마을 허수아비

노을

폐지 더미 손수레 끄는 늙은이
노을빛 물들어 더 긴 그림자
자랑할 것 없는 헌 날개
아지랑이 이는 은물결

그림자 너머
늙은이 저녁 식탁엔 아내표 된장
보글보글 끓고 있어야 할 텐데

모란꽃 같은 삶의 여유
패랭이꽃 귀엽게 웃는다
보시걸식布施乞食 다 같은 꿈인 것을
철없는 내 마음 채색을 하였구나

큰 나무 그늘 아래
종일을 기대서면
붉게 타는 저녁노을
피는 꽃인들 저만 할까

　　　　　　　　　　- 동서시장 가는 길 큰고개에서

상사몽相思夢

나를 흔들고 간 그대 그림자
구름에 실려 떠가고
먼 기억 되어 가라앉는다
하도 피곤하여 머리 기댄 책상에
홀연히 찾아온 그대

꿈속에 다정하기가
어이 그리 생시 같은가
다시 잠 청하면
그대 웃고 계실까
또 그대 반기실까

밥 먹고 잠자는 인심
다를 데가 없으니
상사몽 굽이굽이
흐름대로 접어서
바람 부는 언덕에
뿌려보고 싶구나

옻골 작은 계곡

옻골 계곡에 발 담그고
좋은 여름 건져 올립니다
빽빽한 숲 사이 높은 나무 끝
빼꼼히 하늘 열려 이글거립니다
저마다 제자리 힘을 다한 열기
여름은 싱싱하게 익어가고
매미 합창 높이 울어 막혀서
숲속 교향악단 지휘자는 없어도
계곡 덮는 화음 식은 마음 덮습니다
원융무애圓融無礙*한 그늘에 숨었으니
녹음이 내미는 살가움
가슴 젖어 즐거움 가득합니다

*원융무애圓融無礙 : 만법이 원융하여 일절 거리낌이 없음

조우 弔友
― 고 김재덕 친구 영전에

꿈이었다

수백 권 될 절절한 사연
한 보따리 쌓아 놓아도
빠져나오는 삶의 흔적들
책 한 권 다 쓰고 나도
또 쓸 게 남는 설화 說話

들꽃들이 고개 흔들며
날 보세요! 소리치던 들녘
꽃바람에 영혼 다듬고
여래 如來의 품 안 아름다운 자리
말, 걸음, 마음 곱게 빗은 그대

검소하지만 가난 없고
넉넉하지만 절제된 품위
그대 꽃다운 길이
산 자의 고통으로 뒹굴고 있어요

잠 못 이루는 밤은
이리 궁글 저리 궁글
켜켜이 쌓인 기억 녹여내고
바람이 일 때마다
풍격風格에 맞는 파도가 일던 바다

부조리한 세상
번민도 부질없어
한없는 아름다움 위에
한없는 평화로움 위에
한없는 고요함 위에
다 잊고 와선臥禪에 들었다

어디서 짭짤한 인연
그리 곱게 엮어와서
해당화 피는 해변에다
훌훌 털고 가시는가

미움, 아쉬움, 두려움

가슴 뛰는 사랑
단칼에 끊어
하얀 천 덮어쓴 주검

태산 같은 위엄으로
유유자적 누워
포말 되어 흩어지는
또렷한 꿈을 본다

거품인가 꿈인가
꿈이었구나
털털한 웃음 한 자락
흰 천에 수를 놓는다

미안합니다 까투리님

채소 밭둑에 숨죽이고
온몸으로 녹인 사랑의 온기
모진 예초기 소리 천둥치는 공포
보듬은 알 두고 갈 수 없어
날개깃 떨구어놓고 푸드득 날으셨소
많이도 놀라셨지요

이 밤 놀란 가슴 쓰다듬고
둥지로 돌아와 알 품으셨소
천륜을 굴리시는 까투리님
어느 인연에 매인 어미의 업業
생명을 가로질러 헐떡입니다

가슴에 돌이 되어 박힌 이 밤
떨며 떨며 뜬눈으로 새운 억울
차라리 알 품고 죽지 못한 억울
돌아오는 날 돌아오는 밤은
또 어이하겠소

까투리님
나뭇가지 꺾어 던지던
아들 등에 업힌 어머니
하얗게 타들어가는 가슴
별이 되어 흐느낍니다

속 들여다보기

구름 그림자에도 시큰둥하고
코스모스 흔드는 바람에 스산해지는 속
곱다 한마디에 늘어져 웃는 여인네 속
한잔 소주에 히죽 웃어버리는 남정네 속
따개 놓으면 다 다르지 않아요

생각을 봤어요? 머무는 곳은요?
켜켜이 쌓인 기억의 편린
줄줄이 꿰어진 마음의 보석
구천을 떠돌 맑은 영혼의 연가
보이지 않는 것이 쌓이고 쌓여
오롯이 업業이 되어 서성입니다

꽃향기 좋은 날 사람 향기 그윽한 산골,
달빛은 빈 바가지에 차서 넘치고
마음이 꽃그늘에 졸고 있습니다
밤에도 태양은 하늘에 살고 있지요
어두운 밤 그대 마음은 하늘에 살고 있어요

〉
속을 들여다봐도
마음은 보이지 않아요
세상 있기 전에도
마음은 하늘에 살고 있었답니다

폭포에 푹 파인 하늘 닮은 옥잔玉盞의 미소
찌든 가슴 씻어내리고 석상石像으로 서 있네요
그대여 오늘은
지하철 입구 걸인의 깡통에
동전 말고 지전을 넣으시옵소서

무상無常을 알아차린 구슬

초원을 구르는 눈부신 옥구슬
전생에 구중궁궐 공주였던 옥구슬
큐에 등 밀린 수구手球

운명처럼 적구的球에 부딪히고
쿠션에 안기고 섞이기를 거듭하다
끝내 그 적구와 입 맞추고 선
황홀한 구슬의 미소를 봅니다

무상을 알아차린 구슬이 굴러갑니다
햇빛에 반짝이던 구슬은
그늘을 지나면서 그림자를 잃고
깊은 명상에 잠겨 혼자 굴러갑니다

구슬의 길은 때때로 변하고
곳곳에 다정한 구슬 마음
어리석음이 굴러가고
여여如如한 세상이 굴러갑니다

〉
푸른 초원 무심히 구르는 옥구슬
즐거움을 밀면 미는 대로
행복을 당기면 당기는 대로
구슬의 향기로운 미소는
바람으로 흩어집니다

사랑이 굴러갑니다
미움이 굴러갑니다
그대 마음 굴러가고 있습니다

귀거래사 歸去來辭

복사꽃 피는 고향 가듯이
온 곳으로 돌아가는 길

생각의 편린片鱗은
추석 귀향길처럼 들떠
모천 회귀하는 연어의 비늘
왕피천 유영하던 어깨동무
올망졸망한 기쁨을 주체 못 해
또렷한 기억들이 뒤뚱거립니다

울진 왕피천 돌자갈 여울
부벼대며 날개 치는 연어의 산란
북태평양 2만 킬로 머나먼 길
태어나서 지금까지 늘
새로운 기쁨으로 헤엄쳐온 친구

반쯤 썩어 떠내려오는
산란을 다 한 연어
까막까치조차 돌아보지 않는데

어미 연어의 니르바나*
흰여울 돌자갈에 걸려 퍼덕입니다

바다보다 넓게 펼쳐진 노을
온 들판 덮어오는 어스름
살아서 한시도 못 잊은
눈에 선한 찰랑이는 고향

나무들 다투어 반기는
그곳으로 돌아가는
나그네 그림자 처연凄然하다

　* 니르바나 : 일체의 번뇌를 해탈한 최고의 높은 경지

봄나들이

영남대학교 벚꽃길
천지가 통째로 꽃세상

꽃하늘 이고 늘어진 꽃나무
길을 덮은 떨어져 쌓인 꽃

바람이 일 때마다
쌓인 꽃은 하늘을 오르고
떨어지는 꽃은 함박눈

보이는 것은 온통 꽃뿐
하늘은 꽃잎에 덮이고
땅은 꽃잎에 쌓였다

망구望九의 여백 채우며
고운 빛깔 익어가는 우리 내외

아들과 셋이서 찍은
스냅 사진 한 장

〉
아들의 채근에
못 이겨 나선 봄나들이

마음을 쓰다듬어 봅니다

미움을 훌훌 털어 버리고
마음을 쓰다듬어 봅니다
아쉬움 툭툭 털어 버리고
마음을 쓰다듬어 봅니다
고운 빗으로 쓰다듬어 봅니다

가련한 아이들 보내 버리고
마음을 쓰다듬어 봅니다
한 고개 울고 넘는 아픔을 안으며
마음을 쓰다듬어 봅니다
꽃향기 머문 고운 빗으로
곱게 쓰다듬어 봅니다

따스한 물 한 모금
조근조근 마시면서
마음을 쓰다듬어 봅니다
인연을 녹인 억울을 삼키면서
곱게곱게 쓰다듬어 봅니다

〉
끝없는 정성을 다한
연기緣起의 조각 위에 얹혀있는 업業
봄은 오고 꽃은 핀다는 믿음으로
마음을 쓰다듬어 봅니다

석산石蒜
－꽃무릇

상큼한 가을 아침
이슬 젖어 고운 꽃무릇
깃대처럼 솟아오르는 꽃대
꽃망울 몇 개 달고 하늘 뚫는다

푸른 비단 펼친 맥문동 고운 기슭
한줄기 가을바람
핏빛 석산화 수를 놓는다

긴 그림자 끌며
먼 산 바라보다
알아차린 그리움

뒤로 말려 꼬부라지는 붉은 꽃
서로 엉켜 끌어안고
다섯 개 망울들이
한 송이로 뭉쳐 핀다

마늘 닮은 뿌리

땅속에 묻고
눈 덮고 얼음 안고
긴 겨울 견디다가

꽃 보내고 잎이 돋아
같이 못살 인연으로
가슴 후비는 아픔 참고

부끄러운 긴 꽃술 늘여
억겁 쌓인 한
다 녹이지 못한다

물속에 사는 달

하늘 이고 있는 물 위에
달이 떠 있다
정화수 떠다 놓은 물에도
달은 떠 있다

길가 고인 물에도
소리 내어 흐르는 계곡물에도
정원의 연못에도
강물에도
바다에도…
마음 한 덩이 살던 밝은 달
연못 속에 툭 떨어져 있다
천상 모퉁이에 걸렸던 달
맑은 한밤 물속에 살고 있다

물속 달 품고 싶은
긴 속눈썹 이슬 젖은 여인
무슨 인연으로
물속 달 건지려고

안간힘을 쏟는가?
달님의 고이 든 잠일랑
깨우지를 마소서

| 해설 |

내 속엔 부처님 웃으시고
신상조

해설

내 속엔 부처님 웃으시고

신상조 | 문학평론가

'시적 존재성'은 단순히 시인이 시를 쓴다는 사실을 넘어, 시를 통해 존재의 본질에 다가서는 철학적 개념이다. 하이데거는 시를 "존재의 집"이라고 표현하며, 시의 언어가 기술적이고 도구적인 언어와는 달리 사물의 본질, 즉 '존재'를 드러내는 역할을 한다고 보았다. 시적 존재성은 다음과 같은 특징으로 이해할 수 있다. 그 첫째가 존재의 드러남이다. 시의 언어는 사물을 단순히 이름 짓거나 설명하는 것이 아니라, 사물이 본래 지니고 있는 의미와 존재 방식을 드러낸다.

예를 들어, 시인은 '나무'라는 단어를 사용해 단순히

식물학에 해당하는 정의를 전달하는 것이 아니라, 나무의 생명력, 고요함, 시간의 흐름 등을 느끼게 함으로써 나무의 본래적 존재를 드러낸다.

다음으로 비도구적 사유를 들 수 있다. 현대 사회는 모든 것을 효율성과 유용성의 관점에서 바라보는 경향이 있다. 하이데거는 이러한 '도구적 사유'가 존재의 본질을 가리고 있다고 보았다. 반면 시적 존재성은 사물을 어떤 목적에 따라 이용하는 것이 아니라, 있는 그대로 바라보고 그 존재 자체에 집중하는 '비도구적 사유'를 가능하게 한다.

마지막으로 시적 존재성이란 언어가 가진 본래의 기능을 회복하는 데 의의를 둔다. 시는 언어를 도구로 사용하는 것이 아니라, 언어 자체가 지닌 울림과 진동을 통해 존재를 표현한다. 이는 곧 언어의 본래 기능을 회복하는 일이며, 인간이 존재와 소통하는 가장 근본적인 방식이기도 하다.

하이데거는 시인을 존재의 목소리를 듣고 그 소리를

언어로 옮기는 자로 보았다. 시인은 존재의 '말'을 듣는 존재이며, 그들의 시는 존재가 자신을 드러내는 통로가 된다는 것이다. 결론을 맺자면, 시적 존재성은 시가 단순히 예술의 한 장르를 넘어, 존재의 진리를 밝히고 인간이 세계와 관계 맺는 방식을 근본 성찰하게 하는 중요한 철학적 행위임을 강조하는 개념이다.

『저 평원에 가슴을 널어놓자』를 이야기하기 위해 '시적 존재성'을 강조하는 이유란, 류승욱 시인의 시가 형식성(언어적 표현)이나 외재성(시적 독립성)에 치중하기보다는 주로 '세계 내 존재'에 대한 깊은 응시와 이해에 바탕을 두어서이다. 시인의 시가 보이는 성향 중에서 존재성이 두드러지는 데에는, 그의 문학이 매 편의 시에서 불심佛心과 동행하기 때문임이 우선 눈길을 끈다.

  나무관세음보살
  관세음보살
  천수천안 관세음보살

천수대비 관세음보살

한숨 들이쉬어 당신 숨결 되고
한숨 내쉬는 곳에 당신 있게 하소서

내 손은 당신의 뜻같이 움직이고
발걸음도 당신같이 가게 하소서

내 눈은 당신같이 보게 하소서
나무관세음보살

어느 좋은 바람 부는 날
민들레 꽃씨 흩어지듯

고통을 꽃피운 내 마음
세상을 향하여 다 날아가 버리고

흔적도 없게 하소서
무릎 꿇고 손 모아
하늘을 날아 터지게 웃으시는

당신을 쳐다봅니다

나무천수대비 관세음보살

- 「관세음보살」 전문

　천수천안千手千眼 관세음보살은 불교의 대표적인 보살 중 한 분인, 관세음보살의 한 모습이다. 이름 그대로 '천 개의 손'과 '천 개의 눈'을 가진 보살로, 중생의 모든 고통을 보고 구제하려는 원대한 서원을 상징한다.

　주로 『천수경千手經』, 『천수천안관세음보살광대원만무애대비심다라니경千手千眼觀世音菩薩廣大圓滿無礙大悲心陀羅尼經』 등에 그 모습과 공덕이 설해져 있다. '千手'란 한 사람의 힘만으로는 세상의 모든 중생을 구제할 수 없기에, 천 개의 손으로 동시에 수많은 중생을 돕고 고통에서 벗어나게 하겠다는 자비심의 실천을 나타낸다. '千眼'은 세상의 모든 고통과 번뇌를 빠짐없이 보고 듣겠다는 의미다. 경전에 따르면, 관세음보살이 중생을 구제하려는 원을 세운 후 그들의 끝없는 고통을 보고 머리가 천 갈래로 찢어졌는데, 이를 본 아미타불이 자비심으로 천 개의 손과 눈을 갖게 해주었다는 이야기가 전해진다. 아미타불의 자비심을 따르기 위해 불교 신자들은 천수경을 독송하거나, 천수천안 관세음보살을 형상화한 불화나 불상에 기도하며 삶의 고통을 극복하고 마음의 평화를 얻고자 노력한다.

「관세음보살」은 이러한 천수천안 관세음보살을 외는 걸 기본으로 하는 시다. 경을 외는 행위가 시적 형식이고 경의 내용은 시적 의미가 된다. 불교에서 경을 읽는 행위는 단순히 경전의 글자를 소리 내어 읽는 걸 넘어선다. 이는 경전의 의미를 마음에 새기고, 부처님의 가르침을 깨달아 삶 속에서 실천하려는 수행의 과정 중 하나다. "내 손은 당신의 뜻같이 움직이고/ 발걸음도 당신같이 가게 하소서"라는 화자의 염원이 그러한 실천 의지를 드러낸다면, "고통을 꽃피운 내 마음"이 "민들레 꽃씨 흩어지듯" 날아가 버리기를 소원하는 마음에는, 고통스러운 번뇌가 세월에 풍화되어 애초에 없었던 것처럼 평온해지기를 바라는 무심無心의 경지가 자리 잡는다. 게다가 '고통'과 '꽃 피다'는 어울릴 수 없는 형용모순이다. 꽃이 핀 마음이 민들레 꽃씨가 흩어지듯 사방으로 날아감은, 고통을 통과한 삶의 향기를 중생들에게 끼치겠다는 의지다. 이승에서의 신산함을 위로받으려는 개인의 지복至福을 구하는 게 아니라, 중생의 실제적인 이행(실천)을 구하는 일은, 화자의 삶에 내재한 종교적 경건함을 짐작게 한다. 이러한 불자로서의 경건성은 다음과 같이 자신의 묘비명을 미리 쓰게 만든다.

> 내 묘비명에
> "이승, 저승, 다
> 사람들 마음
> 녹아 쌓인 꿈"
> 이라고 쓰여져 있다
>
> 고요한 마을
> 선승禪僧의 적정寂靜이 숨 쉬는 곳
> 동행하는 터진 마음들

텅 빈 영혼은 도리에 맞고
오가는 마음들 바쁠 것도 없으니
가던 구름 부는 바람
여기서 쉬다가 가는 곳

사는 것은
여기나 거기나
그때나 지금이나
거기서 거기
저승은 멀고

이승은 고달픈 이야기
솔향기 그윽이 배어 있다

나는 빈 마음으로
바람에 졸고 있는
가지에 매달린 묘비명을 본다

- 「묘비명」 전문

시에서 '묘비명'이 가리키는 무덤 속 주인은 화자다. 나뭇가지에 매달린 묘비명이란 수목장을 의미하는 걸까? 그렇더라도 살아 있는 자가 자신의 묘비명을 읽는다는 건 있을 수 없는 일이다. 하지만 생전에 자신의 묘비명을 남긴 인물들은 문학인을 불문하고 드물지 않다. 죽음이 언제 찾아올지 모르는 인생에서 미리 자신의 묘비명을 써 두는 것은 삶을 돌아보고 마지막 메시지를 남기는 의미 있는 행위이기 때문이다.

예컨대 극작가 조지 버나드 쇼는 생전에 "우물쭈물하다 내 이럴 줄 알았지I knew if I stayed around long enough, something like this would happen."라는 묘비명을 남겼다. 인생을 살아가는 데 주저하면 결국 죽음이라는 결과에 다다를 수밖에 없다는 익살스러운 교훈을 담았다. 소설가 어니스트 헤밍웨이가 생전에 남긴 묘비명은 "일어나지 못해 미안하오Pardon me for not getting up."다. 그의 단호하고 간결한 문체처럼, 묘비명 역시 짧고 인상적이다. 죽음을 두려워하지 않는 작가의 패기가 느껴진다. 익살

스럽고 호기로운 이들의 묘비명과 달리, 류승욱 시인이 미리 쓴 묘비명은 이승의 "고달픈 이야기"가 서서히 물러난 뒤의 적정寂靜을 담고 있어서 감동적이다.

  무덤이 자리 잡은 "선승禪僧의 적정寂靜"은 단순한 고요함을 넘어, 번뇌가 사라진 마음의 평온하고 청정한 경지를 의미한다. 이는 외부의 소음이나 자극이 없는 상태를 넘어, 번뇌로 말미암은 내면의 파랑마저 완전히 가라앉은 깊은 선정禪定의 상태를 일컫는다. 선승은 깨달음을 얻기 위해 참선參禪을 수행한다. 적정은 이러한 수행의 필수적인 조건이자 결과다. '고요한 물에 달이 비치듯', 적정의 상태에서만 본래 깨끗한 마음의 거울에 진리의 모습이 온전히 비칠 수 있다. 적정은 깨달음으로 가는 가장 근본적인 길이다. 그러므로 "선승禪僧의 적정寂靜이 숨 쉬는 곳"은 "가던 구름 부는 바람"이 쉬어가는 무덤이면서 동시에 화자의 "빈 마음"을 가리킨다. 시구가 가진 이러한 중의성은 시에서의 묘비명이 화자가 의지해서 속세를 헤쳐 나가는 일종의 화두話頭임을 암시한다.

모든 번뇌가 사라진 자리에 남는 것은 텅 빈 공空이 아닌, 본래부터 청정했던 자성自性, 즉 참된 나다. 이 경지에서는 고요함과 깨달음이 둘이 아니며, 모든 존재의 실상을 있는 그대로 보게 된다. 그런즉 "이승, 저승, 다/ 사람들 마음/ 녹아 쌓인 꿈"이라는 묘비명의 '꿈'은 한 바탕 '환幻'을 살다 갈 따름인 생을 일컫는 또 다른 이름이다.

    목 마를 때 한 모금 물
    허기진 배에 한술 밥
    지금, 이것이, 절실하지만
    다 지나가고 마는 것

    보이는 모든 걸
    내일도 같을 것이라고
    착각하고 있는 우리들
    관념 속에 메이고
    꿈속을 헤매더라도
    좋은 꿈을 꾸자

저 평원에 가슴을 널어놓자
수리와 이리 떼가 살점을 뜯도록
저 바다에 마음을 풀어놓자
갈매기들이 끼억 끼-억 한을 뜯어가도록
바다와 평원은
출렁이고 약동하는
고운 보자기로 덮였다
엉켜 우는 갈매기 소리
평원에 퍼지는 이리 떼의 울음

그대 듣는가
이 또한 지나가는 꿈인 것을

- 「지나가고 마는 것」 전문

  불교에서 '꿈'을 대신하는 말은 '환幻' 즉 환상幻想이다. 이는 세상의 모든 것이 고정된 실체가 없으며, 마치 꿈이나 신기루처럼 끊임없이 변화하는 공空의 성질을 지녔음을 설명하는 중요한 개념이다. 불교는 이 세상의 모든 것, 색깔이나 소리 등의 감각은 물론이고 사람의 감정이나 생각 등도 독립적이고 영원한 실체가 없다고 가르친다. 환은 이러한 비실체성을 가장 명확하게 보여주는 비유다. 마치 마술사가 만든 환영처럼, 실재하는 것처럼 보이지만 본질적으로는 공허한 존재가 환이다. 이와 같은 환은 고정되어 있지 않고 계속해서 생겨났다 사라진다. 우주의 모든 존재가 끊임없이 변화하고 소멸하는 무상無常의 진리를 상징하는 개념이 바로 환이다.

문제는 환이 번뇌의 근원이라는 사실이다. 불교의 가르침은 중생이 이 허깨비 같은 현상을 실체로 착각하고 집착하므로 탐욕과 그로 인한 번뇌가 생겨남을 일깨운다. "목마를 때 한 모금 물"과 "허기진 배에" 절실한 "한 술 밥" 역시 "다 지나가고 마는 것"이라는 화자의 전언은, '물'과 '밥'은 물론이려니와 목이 마르고 배가 고프다는 허상을 내려놓아야 진정한 자유를 얻을 수 있음을 강조함이다. '수리와 이리 떼가 살점을 뜯도록 저 평원에 가슴을 널어놓자'라거나, '갈매기들이 끼억 끼-억 한을 뜯어가도록 저 바다에 마음을 풀어놓자'는 도치된 청유는 승려가 허리춤에 차고 다니는 바리때(밥그릇)를 끼니때에 맞춰 내려놓는 만큼의 무게와 별반 다르지 않다. 전자가 더 무겁고 고통스러울 거라는 관념 자체가 환이기 때문이다.

  그러나 이러한 화자의 권유를 뒤집으면 수리와 이리떼가 살점을 뜯어가는 고통에 비교되는 실존의 감각이 악착스레 남는다. 모든 존재의 실상이 환과 같다는 '환법幻法'은 착시현상에 불과한 우리의 삶을 여전히 어지럽힌다. 환은 우리의 마음속에 몽롱한 미로를 끝없이 펼쳐놓고, 번뇌에 허덕이고 탐욕에 눈이 멀어 출구를 찾지 못한 우리는 '몽생취사夢生醉死'의 삶을 살다 간다. 몽생夢生이란 현실이 아닌 꿈과 같은 허망한 세상에 태어나는 것을 의미하고, 취사醉死는 술에 취한 듯 정신없이 살다가 죽음을 맞이한다는 뜻이다. 이렇듯 삶의 과정에서 어떤 가치나 의미를 지니지 못하는 것에 집착하다가 허무하게 생을 마감할 것인가? 시인은 "온몸 흔들어" 말하는 나무에 가서 배우라고 권한다. 아니, 자신이 먼저 "가지 부러진 나무"가 전신으로 하는 말에 전심으로 귀 기울인다.

>산다는 것은
>흔들리는 것이라고
>겨울이 오는 비탈에 서서
>가지가 부러진 나무는 말한다
>
>노란 떡잎 두 쪽 이슬 묻히고
>햇볕에 부끄러운 고개
>내밀던 그때부터
>고목으로 뿌리 뻗고 선 지금까지
>바람이 불지 않은 날은 없었다
>
>비바람은 늘 불고
>나무는 늘 버티고
>가지가 부러지면 부러지는 대로

바람이 불면 부는 대로

눈 내리는 날이면
눈꽃 뭉텅이 늘어지게 달았던
부러진 가지는
그리움 하얗게 덮어쓰고
나무의 미소는 먼 산으로 번진다

눈바람 멎고 봄 햇살 이는 날
부러져 옹이 진 마디마다
고운 새순을 틔울 것이라고
바람이 불 때마다
온몸 흔들어 나무는 말한다

　　　　　　　－「가지 부러진 나무」 전문

 이 시는 인생의 고난이 희망이라는 역설을 전한다. "산다는 것은 흔들리는 것"이라는 첫 구절은 시 전체를 관통하는 주제다. 겨울 비탈에 서서 가지가 부러진 나무는 인생의 고난을 겪고 있는 존재를 상징하고, 나무가 떡잎을

낼 때부터 지금까지 바람이 불지 않은 날이 없었다는 것은, 끊임없이 찾아오는 생의 시련을 의미한다. 비바람은 늘 불어오지만, 나무는 가지가 부러지는 아픔을 겪으면서도 포기하지 않고 그 자리에 오히려 눈꽃 뭉텅이를 단다. '눈'은 나무를 얼어붙게 만드는 고난일 터이나, 그러한 삶의 부정성마저 나무는 '꽃'이라는 아름다움으로 승화시킨다.

"그리움 하얗게 덮어쓰고"는 지난날의 시련과 아픔마저 그리움으로 감싸 안는 나무의 포용력을, "나무의 미소는 먼 산으로 번진다"는 고통을 넘어선 성숙한 자세를 드러낸다. 마지막의 "부러져 옹이 진 마디마다 고운 새순을 틔울 것"이라는 구절은 아픔과 상처가 오히려 새로운 시작과 성장의 밑거름이 된다는 강한 희망을 보여주는 대목이다. '가지가 부러진 나무'는 그렇게 상처 입은 몸으로 바람이 불 때마다 전신을 흔들며 이 메시지를 전하고 있는 것이다.

이 시는 부러져 옹이 진 마디에 고운 새순이 돋듯, 우리도 삶의 아픔을 통해 더욱 성숙하고 아름다운 존재로 거듭날 수 있다는 희망의 메시지를 전달한다. 지고至高한 불교의 영성에서 고통과 희망을 이야기하며 몸을 낮춘 시는, 이제 사바세계의 어느 주민센터 바둑실을 방문한다.

    사통팔달 십구로十九路의 지평에
    까마귀 한 수 나래 접는다
    백로 한 수 고이 내려앉는다

    손가락 끝으로 다투는 돌싸움
    온몸으로 화끈한 기쁨을 지피어
    아름다운 교감을 수놓는다

    기사棋士의 전략은 흑백으로 그려져
    오로烏鷺의 군무도群舞圖로 일렁인다

    집착, 욕망, 고통, 다툼이 채색되어
    파릇한 삶을 더하여 뿌리내리면

즐거움이 하루를 덮는다

묘수를 찾는 끝없는 집착
내려놓을 수도 들 수도 없는 점 하나,

반半집은 승패를 위한 인간의 작죄作罪

두고 나서 보이는 점
돌아보면 아쉬운 여정

그 점 하나
마주하고 앉은 두 돌부처
미동도 없는 선객禪客
"도낏자루 썩듯" 세월을 녹인다

— 「강동어르신행복센터 바둑실」 전문

중국 진晉나라의 유의경劉義慶이 쓴 『유명록幽明錄』에는 나무꾼 '왕질王質' 이야기가 나온다. 하루는 왕질이 산속에서 나무를 하다가, 두 노인이 바둑을 두고 있는 것을 발견했다. 그는 바둑 두는 모습이 너무 재미있어서 도끼를 옆에 두고 구경하기 시작했다. 시간이 얼마나 지났는지 알지 못하던 그때, 한 노인이 그에게 "도낏자루가 썩었으니 그만 돌아가 보게."라고 말했다. 왕질이 옆을 보니, 자신이 바닥에 내려놓았던 도끼의 자루가 모두 썩어버린 게 아닌가. 그는 깜짝 놀라 집으로 돌아갔지만, 이미 수백 년의 시간이 흘러버렸고 아는 사람 하나 없는 고향 마을은 완전히 달라져 있었다. 즐거운 일에 빠져 시간이 얼마나 흘렀는지조차 깨닫지 못하던 왕질처럼, 이 시에서 돌부처에 비유되는 기사들이나 구경꾼은 바둑 즉, 한심하리만큼 "작죄作罪"에 몰두하고 있다.

말이 죄를 짓는다지, 시인은 바둑판에서 검은 돌과 흰 돌이 얽히고설키며 집을 짓고 허무는 과정을 생의 "여정"으로, 또한 그 광경을 "집착, 욕망, 고통, 다툼이 채색"된 "즐거움"이라 표현한다. "반半집"을 놓고 승패의 묘수를 찾는 강동어르신행복센터 두 어르신의 끝없는 집착이 질타할 일이 아니라 즐거움으로 승화됨은, 대상의 시비

是非를 가리는 화자의 마음이 선하고 아름다운 면을 발견하는 눈을 가져서이리라. 부처의 마음을 가진 사람은 모든 사람에게서 부처의 자비로운 모습을, 돼지의 마음을 가진 사람은 모든 사람에게서 돼지의 탐욕스러운 모습을 보게 된다는 격언은 외부의 대상을 평가하기 전에 자기 자신을 돌아보라는 가르침을 담고 있다. 이렇듯 시인의 시는 "나무 천수대비 관세음보살"을 외고 "선승禪僧의 적정寂靜"을 일깨우던 지고의 가르침에서 세속의 눈높이로 내려온다. 중생들의 수준에 맞춘 메시지는, 불교의 가르침을 훼손하지 않으면서 그 변형된 형질로 우리를 부드럽게 감싼다. '자비와 적정'의 실현은 멀고 '가지 부러진 나무'와 '바둑판'의 의미는 가깝다. 류승욱 시인의 시는 이렇듯 세상을 바라보는 시선의 여러 각도가 겹치고 스미면서 우리 속으로 풍성하게 흘러온다.

『저 평원에 가슴을 널어놓자』는 견고하고도 평면적인 일상을 사색으로 벼리어 삶에 대한 일반적 인식에 대한 깊은 통찰을 담아낸 시집이다. 류승욱 시인은 "산다는 것은/ 흔들리는 것"(「가지 부러진 나무」)에 불과한 일상을 불교적 성찰을 바탕으로 자신만의 인식과 문법으로 웅숭깊게 재구성해낸다. 실생활의 평면성에 더해진 존재의 헤아림이 삶의 보폭으로 이어지는 이번 시집은, 각자의 반경에서 우리가 느꼈던 삶의 진실을 곱씹어보게 만든다. 하여 현란한 수사를 배제한 명징한 사유와 끊임없는 관찰과 개인적 시선으로 일구어낸 그의 시를 읽노라면, 익숙한 우리의 현실이 어느덧 낯설고 새로운 사유의 장으로 펼쳐짐을 느낄 수 있는 것이다.

라온현대시인선 05 | 류승욱 시집

저 평원에 가슴을 널어놓자

인쇄 | 2025년 9월 5일
발행 | 2025년 9월 10일

글쓴이 | 류승욱
펴낸이 | 장호병
펴낸곳 | 북랜드
　　　　04556 서울 중구 퇴계로41가길 11-6, JHS빌딩 501호
　　　　41965 대구 중구 명륜로12길 64(남산동)
　　　　전화 (02)732-4574, (053)252-9114
　　　　팩스 (02)734-4574, (053)252-9334
　　　　등록일 | 1999년 11월 11일
　　　　등록번호 | 제13-615호
　　　　홈페이지 | www.bookland.co.kr
　　　　이-메일 | bookland@hanmail.net

책임편집 | 김인옥
기　　획 | 전은경
교　　열 | 서정랑

ⓒ 류승욱, 2025, Printed in Korea
저자와의 협의하에 인지를 생략합니다.

ISBN 979-11-7155-153-8　03810
ISBN 979-11-7155-154-5　05810 (E-book)

값 10,000원